Heróis da Humanidade
Leonardo da Vinci

Dados Internacionais de Catalogação na Publicação (CIP) de acordo com ISBD

B921L   Buchweitz, Donaldo
        Leonardo da Vinci / Donaldo Buchweitz; ilustrado por Eduardo Vetillo - Jandira, SP:
Ciranda Cultural, 2022.
        24 p.: il.; 25,00 cm x 25,00 cm - (Heróis da humanidade – edição bilíngue).

        ISBN: 978-65-261-0037-0

        1. Literatura infantojuvenil. 2. Gênio. 3. Música 4. Biografia. 5. Anatomista. 6. Bilíngue.
7. Inglês. 8. Inventor. 9. Herói. I. Silvino, Vetillo, Eduardo. II. Título. III. Série.

                                                                    CDD   028.5
2022-0595   CDU   82-93

Elaborado por Lucio Feitosa - CRB-8/8803
Índice para catálogo sistemático:
1. Literatura infantojuvenil 028.5
2. Literatura infantojuvenil 82-93

© 2022 Ciranda Cultural Editora e Distribuidora Ltda.
Produção: Ciranda Cultural
Texto @ Donaldo Buchweitz
Ilustrações: Eduardo Vetillo
Preparação de texto: Karina Barbosa dos Santos
Revisão: Maitê Ribeiro e Lígia Arata Barros
Versão e narração em inglês: Melissa Mann

1ª Edição em 2022
www.cirandacultural.com.br
Todos os direitos reservados. Nenhuma parte desta publicação pode ser reproduzida, arquivada em sistema
de busca ou transmitida por qualquer meio, seja ele eletrônico, fotocópia, gravação ou outros, sem prévia
autorização do detentor dos direitos, e não pode circular encadernada ou encapada de maneira distinta daquela
em que foi publicada, ou sem que as mesmas condições sejam impostas aos compradores subsequentes.

Heróis da Humanidade
Leonardo da Vinci

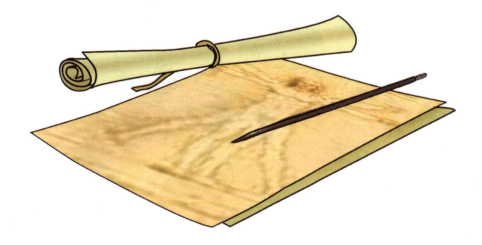

Ouça a narração em inglês:

Leonardo da Vinci foi artista plástico, geólogo, escritor, anatomista, engenheiro, cientista, matemático, músico, botânico, filósofo, arquiteto e escultor. Além de todas essas ocupações, foi o reinventor da fábula na Itália.

Leonardo da Vinci was a visual artist, geologist, writer, anatomist, engineer, scientist, mathematician, musician, botanist, philosopher, architect and sculptor. In addition to his many occupations, he reinvented the art of telling fables in Italy.

Ele foi um dos maiores pintores do Renascimento, um importante movimento que ocorreu na Europa entre 1300 e 1650, período de intensa atividade na ciência, na cultura e nas artes.

He was one of the greatest painters of the Renaissance, an important period of intense scientific, cultural and artistic activity that took place in Europe between the years 1300 and 1650.

Não existe registro de seu nascimento, mas o ano é fixado de uma forma muito curiosa. Caterina, sua mãe, casou-se um ano após seu menino ter nascido, em 1453, então deduz-se que ele nasceu em 1452.

There is no record of da Vinci's birth, yet how historians determined the year he was born is very interesting. His mother Caterina got married in 1453, a year after her son's birth, so we can deduce da Vinci was born in 1452.

Ele sempre andava pelos campos, coletando elementos e observando as cores da natureza, as quais ele reproduzia em seus quadros, cuja atmosfera estimulava a imaginação das pessoas. Leonardo da Vinci gostava de explicar por que o lado da fruta que ficava voltado para o sol adquiria uma bela cor primeiro.

Leonardo da Vinci often walked through the fields collecting specimens and observing the colors of nature. He reproduced these in his paintings, the spirit of which sparked people's imagination. He liked to explain why the sun-facing side of fruit takes on beautiful colors before the shaded side.

Leonardo da Vinci foi um grande inventor, com ideias à frente de seu tempo. Entre suas principais invenções estão o parafuso aéreo (uma versão primitiva do helicóptero), a ponte levadiça, o escafandro e um modelo de asa-delta.

Leonardo da Vinci was a great inventor whose ideas were ahead of his time. His main inventions include the aerial screw (a primitive version of the helicopter), the drawbridge, the diving suit and a type of hang glider.

Mas foi como pintor que ele obteve grande reconhecimento em sua época. Mudou-se para Milão, a convite do duque Ludovico Sforza, e ali pintou retratos da preferida do duque, colocando-a como a Virgem Santíssima, com um véu azul-claro.

Yet it was as a painter that he was widely recognized in his day. He moved to Milan under the patronage of Duke Ludovico Sforza. There he painted portraits of the duke's great love, depicting her as the Holy Virgin Mary in her light blue veil.

Leonardo da Vinci teve muitos alunos de pintura e escultura, chegou a fundar uma academia de arte na cidade em que vivia. Nessa época, começou a planejar a pintura mais famosa do mundo, *Mona Lisa*, a qual levaria cerca de quatro anos para concluir.

Leonardo da Vinci taught many students painting and sculpture, and while in the city, he founded an academy of arts. It was at that time he began planning the most famous painting in the world, the *Mona Lisa*, which would take him nearly four years to complete.

Quando Leonardo da Vinci visitou a França em 1516, o rei Francisco I comprou *Mona Lisa*, que atualmente faz parte do acervo do Museu do Louvre, em Paris, junto com *A virgem e o menino com Santa Ana e São João Batista*, entre outras pinturas e esculturas do artista.

King Francis I purchased the *Mona Lisa* when Leonardo da Vinci visited France in 1516. The work is currently part of the collection at the Louvre Museum in Paris together with *The Virgin and Child with Saint Anne and Saint John the Baptist*, among other da Vinci paintings and sculptures.

A mente do gênio Leonardo da Vinci fervilhava. Por isso, ele raramente concluía uma pintura, pois estava sempre experimentando novas técnicas e iniciando novos projetos. Também foi um dos maiores pensadores da humanidade.

Leonardo da Vinci was a true genius, and his mind was always racing. That's why he rarely finished his paintings; he was always trying out new techniques and starting new projects. He was also one of the greatest thinkers of all time.

Durante sua vida, Leonardo da Vinci trabalhou com arte, urbanismo, hidráulica, engenharia, anatomia, náutica, mecânica, botânica, entre outras coisas. Sua sede de conhecimento o levou a se interessar e a se destacar nas mais diferentes áreas.

In his lifetime da Vinci worked in fields as varied as art, urban planning, hydraulics, engineering, anatomy, navigation, mechanics, pharmacy and more. His hunger for knowledge led him to develop an interest and prove himself in a variety of disciplines.

No entanto, em 1519, o mundo perdeu a genialidade de Leonardo. Ele tinha 67 anos e foi enterrado na França.

Sadly, in 1519 the world lost the great genius Leonardo da Vinci. He was 67 years old at the time of his death and is buried in France.